Sauber on sight · Erbses Klettercomics Band 1

PANICO

SAUBER on sight

Erbses Klettercomics Band 1

11. Auflage 2013

Gunzenhauserstr. 1
D-73257 Köngen
www.panico.de
Tel. +49 (0) 7024 82780
Fax +49 (0) 7024 84377
ISBN 978-3-926807-51-9

EIGENTLICH IST KLETTERN ÜBERHAUPT NICHT WITZIG ...

SAUBER ON SIGHT!!
... GELL, DU KONZENTRIERST DICH JETZT BITTE, JETZT BEIM SICHERN ...
... ICH WILL DAS DING GERN ON SIGHT MACH- EN ...
... UND 'S WÄR SCHON SAUDUMM, WENN ICH AUS DER TOUR RAUSKIPP', BLOß WEIL ICH SEILZUG VON UNTEN HAB ...!
... SIEHT IRGENDWIE ERSCHÜTTERND AUS ...
HUI ...

GL.. ÄH GELL, DU PAßT AUF, DAS SIEHT JETZT SAUSCHWER AUS.!!
NA KLAR.
HNNGRR...
HERRGOTT, WAS IST DENN DAS FÜR'N SCHEIßGRIFF!?!
UND WAS MACH' ICH MIT DEM HAXEN?...
GANZ COOL BLEIBEN, MANN!
GRAAANZ COOL...
HAAA!
ZUPP
FNELL,- GIB FEIL!!
CLIPP
DAS SIEHT IRGENDWIE GAR NICHT GUT AUS...

HRRR..
ÄH...
RÄUSPER...
FINDEST DU NICHT, DAß DU ETWAS VERSPANNT KLET-TERST...? MACH DICH DOCH MAL LOCKER, - DU MUßT DICH GANZ EINFACH LÖSEN! ...
RED' DOCH KEIN' SCHEIß! HIER GEHT'S NUR NOCH UMS NACKTE ÜBER-LEBEN ...
JESSES ...

ALSO DER LETZTE HAKEN, DER JST JA SAUDUMM GESETZT!
...JST JA WIRKLICH BLÖD... JETZT DEN GANZEN SCHEIß ZURÜCKQUEREN...
OOOH
TAST TAST

ZACK
PUUUH...
...!!
OK...,
KANNST MICH ABLASSEN!
JAWOLL!!
SAUBERE ON-SIGHT-BEGEHUNG!
ÄH... WIEE BITTE ?!?
OKOKOK... EINIGEN WIR UNS AUF ROTPUNKT..
ALSO ICH DENKE, DU PROBIERST DAS MORGEN NOCHMAL.
'95

©rbse THAILAND '96

... MENSCH, SCHAU' MAL DA DRÜBEN ... IST JA GANZ SCHÖN BITTER, WIE SICH DIE JUNGS DA ANMACHEN !
QUATSCH! DIE REDEN VON IRGENDEINER SCHLÜSSELSTELLE.

GANZ ENTSPANNT IM TOPROPE ...
TOPROPE IST EINFACH GEIL!!
MAL OHNE DEN GANZEN VORSTIEGSSTREß EINFACH SO VOR-SICH-HIN-KLETTERN...
... FREUDE AN DER EIGENEN KRAFT...
... AUFGEHEN IM FLUß DER BEWEGUNG...
GANZ ABGESEHEN DAVON IST TOPROPE EBEN EINE 100%IG SICHERE ANGELEGENHEIT.
RUMPEL
NA?!? WAS HAB' ICH G'RAD GESAGT?!
ALLES KLAR! LAß' MICH AB!
Erbse '95

NATÜRLICHE SACHE ...
... WENN MAN SO ÜBERLEGT, WAS DAS BESONDERE AN DER KLETTEREI IST ...
... DIE SONNE AUF DEM NACKTEN RÜCKEN, DEN WARMEN FELS IN DER HAND ...
KLAR ... DIE ESSENZ IST DAS DRAUßEN-SEIN ... NATUR PUR! .. HOCH DROBEN, FREI WIE DER FALKE!
JA, UND MANCHMAL KANN MAN ES GAR NICHT FASSEN ...!, ES KOMMT EINEM VOR ...
... ALS HÄTTE DER LIEBE GOTT DEN FELSEN SEINE NATÜRLICHE STRUKTUR VERPAßT, ...
... BLOß DAMIT WIR UNS DRAN FESTHALTEN UND DIE GEILSTEN LINIEN KLETTERN DÜRFEN!
Erbse '95

... ER HATTE ES NIE WAHRHABEN WOLLEN ...
... ABER NUN LIEß SICH EIN GEWISSER KONFLIKT ZWISCHEN KLETTERER UND NATUR KAUM LEUGNEN ...
'95

REINE SELBSTVERTEIDIGUNG
NEULICH, IM DONAUTAL ...
CLIPP
??
SAG MAL, ZU WAS SCHLEIFST DU EIGENTLICH DEN 11ER-HEX MIT DIR RUM?! ...
DER 11ER-HEX? DER IST ABSOLUT OBLIGATORISCH WENN DU HIER KLETTERST!!
?
WIE BITTE? DIE TOUR IST DOCH SAUGUT ABGESICHERT!
HE!! IHR DA!
?!?
AUF DER STELLE RUNTER DA!! DER SCHAUFELS IST GESPERRT!!

WAS SOLL DENN DAS, BITTE? ICH WEIß GENAU, DAß DER KAISERWEG OFFEN IST!! ...
UND ÜBERHAUPT, WAS NIMMT DER SICH EI
NA, WIRDS BALD!
HALT MAL'S MAUL, DA UNTEN!
HRRGHRÖCHELSOFORTHECHELPOLIZEI-BIOTOPSCHUTZGESETZUNDWENNNICHT-GLEICHSABBERBLUBBERCHAOTENUNDKLETTER-FASCHISTENLABER-SABBERALLEANDIE WANDHECHELRÖCHEL BEINEMACHEN UND WEHE UND AUF-DER-STELLE
FLUPP
REINE SELBSTVERTEIDIGUNG!!
... ABSOLUT OBLIGATORISCH, WENN DU HIER KLETTERST!!
©GSC '95

BILDENDE KÜNSTE
JCH HAB' ZIEMLICH LANGE GE-SUCHT, BIS JCH DEN RICH-TIGEN FELS GEFUNDEN HATTE...
ALS JCH JHN ENTDECKTE WUßTE JCH GLEICH: DAS IST ER!!
DIESES JUNGFRÄU-LICHE STÜCK FELS SOLLTE ZUM GEGENSTAND MEINER PERSÖNLICHEN ERSTBE-GEHUNG WERDEN.
DIE BESTECHENDE LINIE DRÄNG-TE SICH FAST VON SELBST AUF...

DIE SACHE HAT MIR WIRKLICH ALLES ABVERLANGT
ES WAR EIN VERDAMMT HARTES STÜCK ARBEIT, BIS JCH DIESE ROUTE SCHLIEẞLICH VOLLENDEN KONNTE!
ZUGEGEBEN... DIE EIN- ODER ANDERE KORREKTUR WAR NOTWENDIG...
ABER DAS ERGEBNIS IST EIN TRAUM IM ABSOLUTEN SPITZENBEREICH!!

SEIT JCH AN MEINER KUNSTWAND BAU' KANN JCH KEINEN GRIFF MEHR FESTHALTEN...
Erbse '95

VON GRÖßTEM INTERESSE...

MENTALE DEFIZITE ...
DAS NENN' JCH MENTALE VORBEREITUNG !!!
BATSCH
!!
... JCH HAB' DIE SCHLÜSSELSTELLE EINFACH NOCH NICHT RICHTIG JM KOPF ...
Erbse '96

SICHER(N) IST SICHER ...
NA KOLLEGEN, SICHERUNGSTECHNISCH IMMER UP TO DATE, WAS?
DARFS WAHR SEIN ?!? BRING' DICH DOCH BITTE AN IRGEND 'NER NORDWAND UM!! HIER KLETTERN WIR SICHER !!!
MODERNER SCHNICKSCHNACK!! LIEBER MIT RESERVEN UND SICHER, – NACH GUTER ALTER VÄTER ART !!
Erbse '95

MORALFRAGEN..
WW... WAS MACH' ICH EIGENTLICH, WENN ICH DEN ERSTEN HAKEN NICHT ERREICH'? ...
GEH' DOCH MAL AUS DER HOCKE RAUS!
!??
© Erbse '95

?!?
Ist der Sichernde etwas leichter als der Stürzende (ca. 0 bis 10 kg Unterschied), so wird der Sturz ohnehin optimal weich abgefangen. Gegebenenfalls sollte eine Selbstsicherung benützt werden.
aus:
HOFFMANN / SCHRANK:
- SPORTKLETTERN
Klettertechnik & Sicherungspraxis
München 1992
Erbse '96

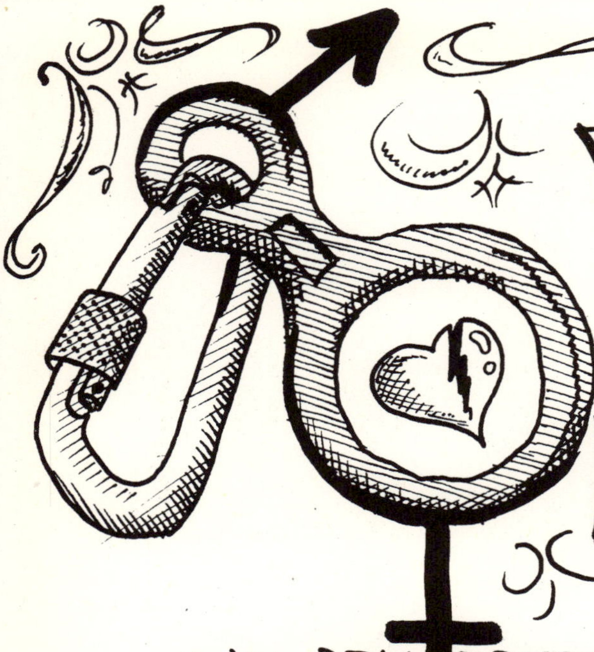

VON PARTNER-SEIL- & LEIDENSCHAFTEN...

SEIT DEM ERSTEN PAAR DER BIBEL
IST ES SCHLICHTWEG EIN GESETZ:
JEDER TYP BRAUCHT SEINE ZWIEBEL,
JEDES MÄDEL JHREN SCHÂTZ!

NUR BEI EINER ZIEMLICH SCHLIMMEN
MENSCHENABART IST'S VERDREHT,
KEIN GESETZ SCHEINT MEHR ZU STIMMEN,
WENN MAN ZU GERN' KLETTERN GEHT...

LEIDENSCHAFTEN ZWIEGESPALTEN,
DER CHARAKTER SCHIZOPHREN,
BALD AM FELS, BALD MIT DER ALTEN,
WER'S NICHT KENNT KANN'S NICHT VERSTEHN
...

ALTER, WAS IST DENN LOS MIT DIR?! DU HÄLTST JA KEINEN GRIFF MEHR!
BEZIEHUNGS-STREß...
UND MAN LIEBT SICH UND MAN LEIDET,
UND MAN SUCHT DEN KOMPROMIß,
BEI DEM JEDER SICH BESCHEIDET,
UND DOCH KEINER GLÜCKLICH IS'...
D'RUM PRÜFE, WER SICH EWIG BINDET,
...UND MIT 6 KLETTERT ER DEN SECHSTEN GRAD, MIT 7 DEN SIEBENER, UND WENN ER MIT 8 DEN ACHTEN GRAD NICHT DRAUF HAT, GEBEN WIR IHN ZUR ADOPTION FREI...
OB SICH NICHT WAS BESS'RES FINDET...!
HALLO SCHATZ!! DENK' NUR, DER KLEINE IST HEUTE ZUM ERSTEN MAL VORGESTIE-GEN!!
©Else '96
AUS DEM KLETTERSPORT ENTSTEHEN LIEBESDRAMEN ALLER ARTEN, UND SO MANCHE SZENE SEHEN WIR IN JEDEM KLETTERGARTEN:
VORHANG AUF!

SO SIEHT MAN SIE ZUM EINSTIEG SCHREITEN...
DU WIRST SEHEN, DAS GIBT 'NEN PRIMA TAG!!
TOLL, DAß DU ZUM KLETTERN MITKOMMST!
KLAR DOCH! DANKE, DAß DU MICH MITNIMMST!
... ALTER SCHEIß! EIGENTLICH HAB' JCH NICHT DEN GERINGSTEN BOCK JM 5TEN GRAD RUMZUKRIECHEN... JCH MACH' DAS NUR JHR ZULIEBE...
KLETTERN, - SO EIN BLÖDSINN... HOFFENTLICH GEHT DER TAG SCHNELL 'RUM! JCH MACH DAS WIRKLICH BLOß JHM ZULIEBE...
SO, DA SIND WIR! ...JN UNSERM PARADIES!
...
IS' WAS? ...ACH JA, JCH HELF' DIR GLEICH BEIM GURT ANZIEHEN!
SOOO... DAS HABEN WIR GLEICH!
JAMMERSCHADE, DAß DER BRUSTGURT SO AUS DER MODE GEKOMMEN IST!

JAJA, SCHON GUT, ICH KOMM' SCHON ZURECHT !! ... UND WIE MAN SICH EINBINDET WEIß' ICH AUCH NOCH...
DU WIRST GLEICH SEHEN, ...
DIESE TOUR IS' ...
... TOTAL EASY !!
ÄH, - WAS MACH' ICH EIGENTLICH, WENN MIR DER TYP DA RUNTERFÄLLT...?
g=9.81 m/s²
!!
...
HE!
GIB' DOCH MAL SEIL!
WAS IS' DENN LOS ?? ICH BIN OBEN, DU KANNST MICH ABLASSEN.

...DAS MIT DEM SEIL-AUSGEBEN, DAS DÜRFTE N' BIßCHEN ZÜGIGER GEHEN!
...OH MANN... JETZT MUß JCH DA WOHL HOCH...
WOLL'N WIR UNS NICHT EIN BISCHEN JN DIE SONNE SETZEN...?
WAS!? NEE, MENSCH, DIE TOUR IS' TOTAL GEIL!! DIE MACHST DU JETZT!
NA DANN ...
HALT, HALT...
MERKST DU NICHT? DU TRITTST GANZ FALSCH AN!!?
??
JA, SO SIEHT DAS SCHON DEUTLICH BESSER AUS!
JMMER SAUBER AUF DEN FÜßEN STEHEN!
ENTSCHEIDEND IST, DAß DU IMMER DEINEN SCHWERPUNKT KONTROLLIERST! AUßERDEM MUßT DU BLA-BLA BLA BLI! JA, GENA
SIEHST DU DEN GRIFF RECHTS? PROBIER BLI BLA BLA ...
RHABARBERSABB
AUS DEN BEINEN
HERAUS BLA BL
BLUBBERLABE
GENAU, UND J
MUßT DU DEN
LINKEN FUß AU
SABBERLABE
SIEHST DU
DEN GRIFF
OBEN?!
NIHMST
LABER
GENAU
UND JET
SEIER
JETZT
REC
DEN
DU MI
LABE
SO
IZT...

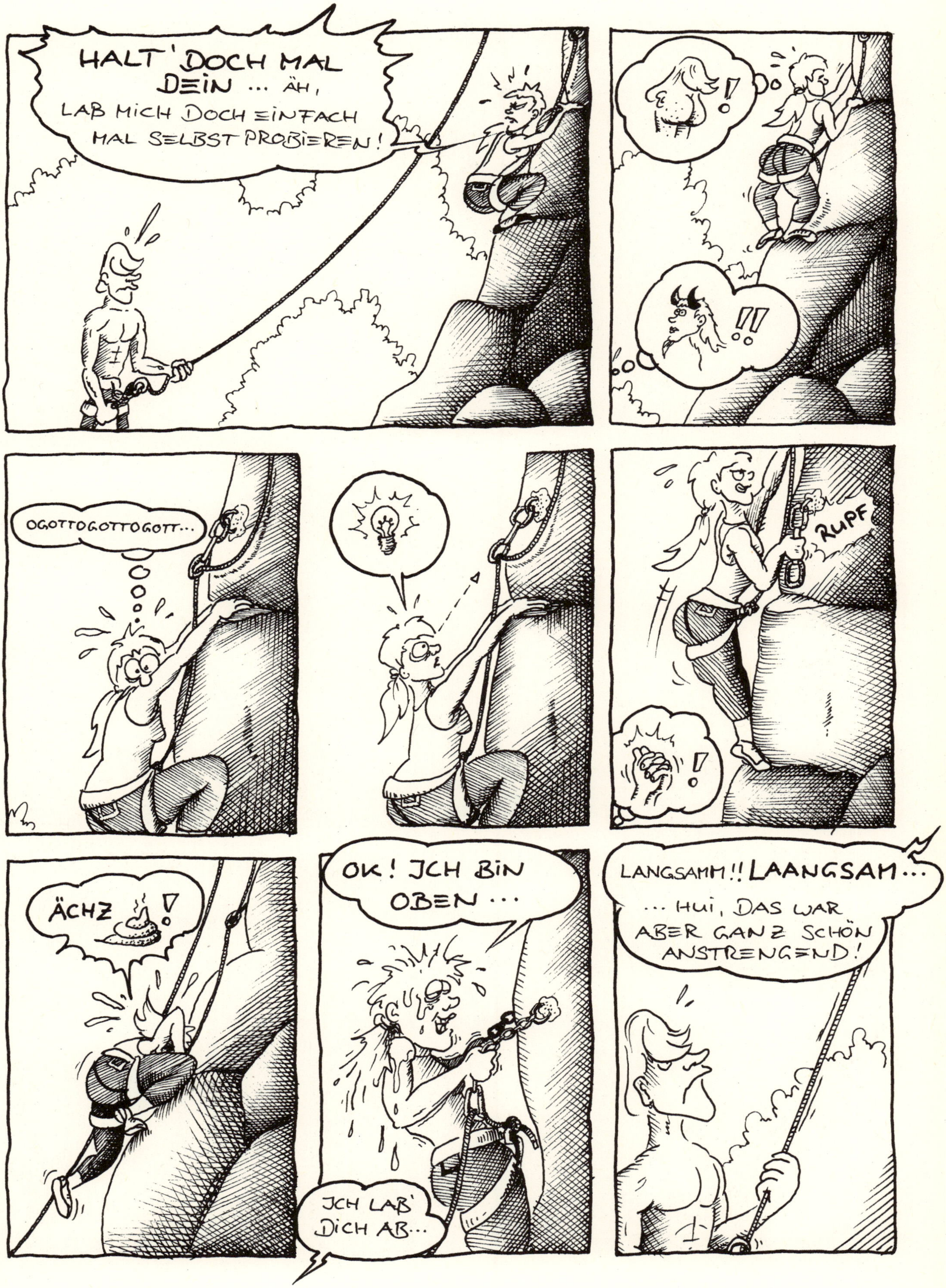
HALT' DOCH MAL DEIN ... ÄH, LAß MICH DOCH EINFACH MAL SELBST PROBIEREN!
!
!!
OGOTTOGOTTOGOTT...
RUPF
!
ÄCHZ !
OK! JCH BIN OBEN ...
JCH LAß' DICH AB...
LANGSAMM!! LAANGSAM...
... HUI, DAS WAR ABER GANZ SCHÖN ANSTRENGEND!

NAJA, DU LÄßT DIR JA AUCH KEINE TIPS GEBEN ...
DU, WART' MAL!
WAS IS'?
JCH WILL 'N BIßCHEN DIE AUSSICHT GENIEßEN!
??
... WAS SOLL JETZT DER BLÖDSINN?!?
JCH KLETTER SEIT ZEHN JAHREN UND HAB' NOCH NIE DIE AUSSICHT GENOSSEN!!
HE, DAS WAR GAR NICHT SO SCHLECHT!!
HAST DU GESEHEN?
JCH BIN DA VOLL HOCHGEKOMMEN!!!
JETZT SETZEN WIR UNS EIN BIßCHEN JN DIE SONNE, JA?
WIR SIND DOCH NICHT ZUM SPAß HIER!
...ÄH...
JCH FINDE, WIR SOLLTEN DAS GUTE WETTER NUTZEN...
FETT
ui...
NUN, ÄH... DANN DARF ICH VIELLEICHT EINEN KOMPROMIßVORSCHLAG MACHEN...?

WIE WÄR'S ? - JCH KLETTER' JETZT MAL EINE SCHWERE ROUTE ...
DU DARFST DICH SO LANGE EIN BIẞCHEN AUS-RUHEN ...
... JN DER SONNE SITZEN UND SO, UND DABEI SO'N BIẞCHEN SICHERN ...
OH MANN, TYP ... ! NAJA, VIELLEICHT JST ER DANN BALD MÜDE UND HAT KEINE LUST MEHR ...
... WENN DU MEINST ...
SIEHST DU ? JST DOCH EIN VERNÜNFTIGER VOR-SCHLAG !
DANN LOHNT SICH DER TAG JA DOCH NOCH !
AUF GEHT'S, ANS PRO-JEKT !!
DA IST ER, - DER HAMMER-SEKTOR !
DIE ROUTE, DIE JCH JETZT VERSUCHE, ZÄHLT ZU DEN ABSOLUTEN EXTREM KLASSIKERN HIER ...
SIE HEIẞT „BEZIEHUNGSKRISE" ...

DU BIST JETZT BITTE 'N BIßCHEN BEI DER SACHE, GELL?
HNGNNNGRR... GIB SEIL, VERDAMMT NOCH MAL!!
HUPS?!?
OH, JA!...
BSSS
HÄHÄ... SORRY...
NE, ECHT! SOWAS KOS-TET KRAFT WIE DIE SAU!! PHUH...
ACHTUNG... SCHNAUF GLEICH KOMMT DIE ...ÄCHZ...
...SCHLÜSSELSTELLE

NEIN ?
NEIN !!
KG
SCHEI..
...SSSE??
HIMMELDONNERWETTERNOCHMAL! DAS WAR DOCH ABSICHT!
ABER... JCH... JCH KANN DOCH NIX DAFÜR!
UND LAß MICH ENDLICH RUNTER!!
DAS WOLLT' JCH WIRKLICH NICHT..
FRIEMEL
POPEL
SCHNIEF

... KOMM' SCHON ... IST DOCH NICHT SO SCHLIMM.
SCHAU MAL, JCH WEIN' DOCH AUCH NICHT ... OBWOHL JCH AUS MEINEM PROJEKT RAUSGEFLOGEN BIN ...
JCH HAB KEINE LUST MEHR ... LAß UNS HEIMGEHEN.
ACH, JETZT KOMM ... SO KÖNNEN WIR DOCH NICHT AUFHÖREN!
DU SOLLST DOCH AUCH WAS VON DEM TAG GEHABT HABEN!
JCH DENK' DA AN EINE LETZTE KLITZEKLEINE ABSCHLUßTOUR ... DIE HAB' JCH EXTRA FÜR DICH RAUSGESUCHT!
... EXTRA FÜR MICH? ...
KLARO!
AUßERDEM KANN MAN VON JHR AUS DIE EXPRESSEN AUS MEINEM PROJEKT HOLEN.
ALSO NEE ...
DA, SCHAU DOCH ERSTMAL! IS' NE GANZ GANZ TOLLE LINIE!!
?!

JETZT GEHT MIR HIER ABER LANGSAM DER HUT HOCH,-
BIST DU EIGENTLICH TOTAL BESCHEUERT ?!?
NA, NA, JETZT HAB DICH DOCH NICHT SO...
WENN MAN BEIM KLETTERN WAS ERREICHEN WILL, MUSS MAN EBEN AUCH MAL AN DIE EIGENEN GRENZEN GEHEN...
RED DOCH KEIN' DRECK!! WEISST DU, WAS DU BIST? EIN SADIST NÄMLICH, JAWOLL!!
ALSO WIRKLICH, JETZT BERUHIGST DU DICH MAL! DU BIST JA UNERTRÄGLICH HEUTE! HAST DU DEINE TAGE, ODER WAS?
DU FÄNGST GLEICH EINE!
ALSO GIBT'S AUCH SOWAS!! DA VERZICHTET MAN EXTRA 'NEN TAG AUFS RICHTIGE KLETTERN UND NIMMT DICH MIT...
ACH SOOO?! DU KANNST MICH MAL KREUZWEISE MIT DEINER SCHEISSKLETTEREI ??

SO IST DAS ALSO !?!
ALSO DA FÄLLT MIR DOCH ECHT NIX MEHR EIN ...
NAJA, DU BIST WOHL EH' ETWAS ZU SCHWER FÜR DIESEN SPORT...
ZACK
AN DER WAHRHEIT GIBT'S NIX ZU RÜTTELN: FRAUEN SIND DER UNTERGANG DES KLETTERSPORTS!
SCHLUCHZ
ZUSAMMENBRECH...
FAUCH

DAS WÄR' HIER EIN SCHÖNER AB-SCHLUß FÜR MEIN COMICBUCH...
ENDE
DANN HÄTT' ICH AUCH WIEDER ZEIT FÜR ANDERE SACHEN...
ICH KÖNNTE ZUM BEISPIEL MEINE FREUN-DIN FRAGEN, OB SIE MIT MIR KLETTERN GEHT!

(...)

SIE HAT NEIN GESAGT...
KOMISCH!
NA, DANN GIBT'S EBEN'N PAAR GESCHICHTCHEN MEHR...

MOTIVATIONSSCHUB..
...JESSES, SIEHT DAS SCHWER AUS...
DA KOMM' ICH DOCH IM LEBEN NICHT HOCH!!
ABER JA DOCH,- GANZ BESTIMMT! ....
GIB' MIR DOCH MAL DEN RUCKSACK ....
??
JA UND? WAS SOLL DAS JETZT?
JETZT TRINK' ICH UNSER BIER!!
PLOPP
?!
NA ALSO! DAS GING JA RUCK-ZUCK!!

SUPERLATIVE...
!..
!!
1993
FRANCE
7c+
!!
!!
ZACK!
≥10m !!

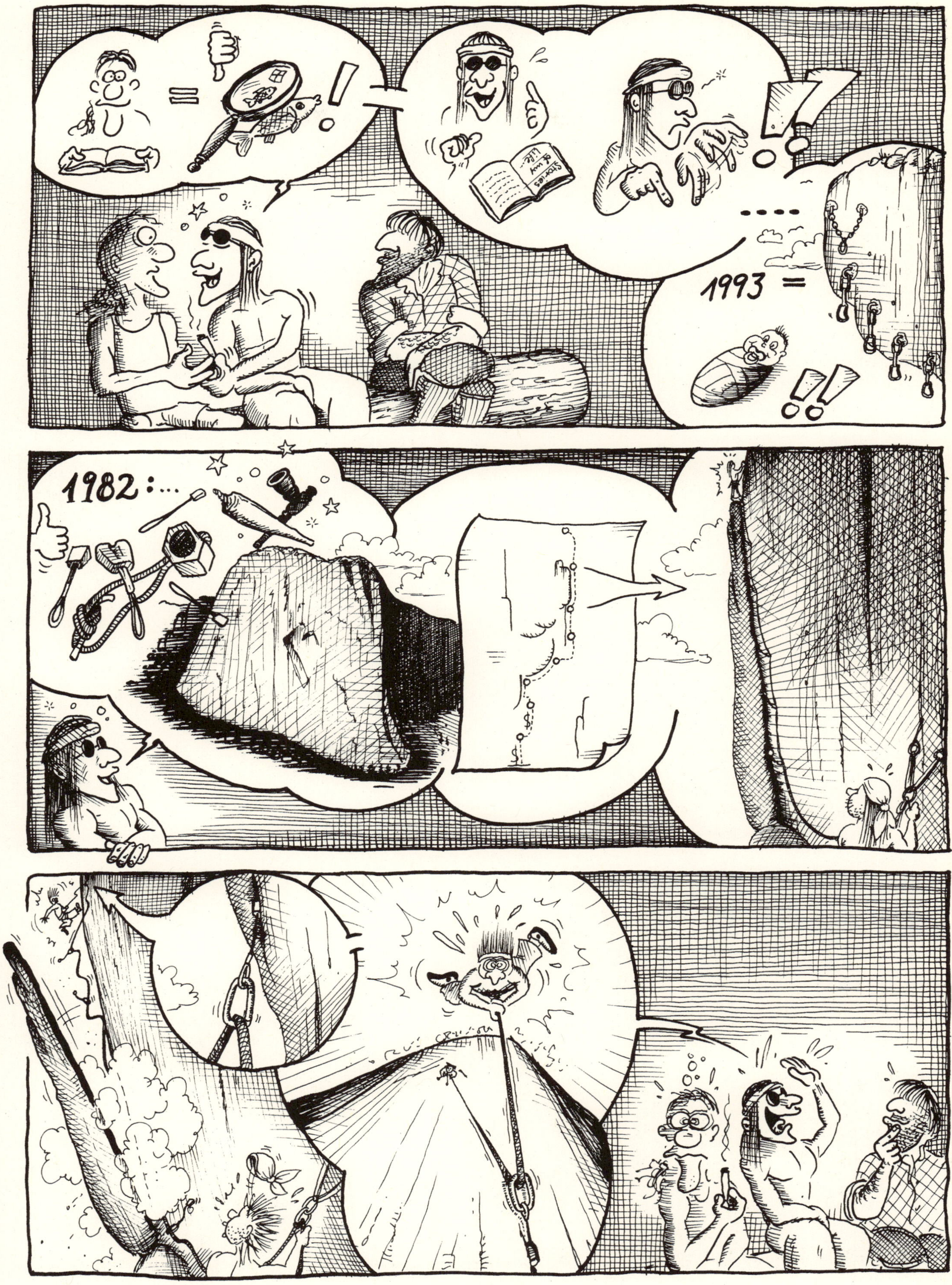
1993 =
1982 :...

1971 ...
Nr. 2
KNIRSCH
?!

RIßFREAK, WIE ?
NEE, CHRONISCH ÜBERBELASTET...

DER STRESSER...
DIE VERSCHNEIDUNG SIEHT EIGENTLICH GANZ WITZIG AUS.
JA... DA HAB' ICH SIE... OK, MACHEN WIR DIE!
NA, JUNGS, NEU HIER, WAS?
??
?
FALLS IHR IRGENDWELCHE FRAGEN HABT, – ICH KENN MICH HIER AUS!
ÄH... TAG...
ALSO, WENN IHR DIE SCHWIERIGEN ROUTEN HIER SUCHT, DA MÜßT IHR WIEDER DEN WEG 'N BIßCHEN ZURÜCK...
SAUSCHWER, DA...
... SO 9 UND SO...
ICH HAB' DA AUCH 'N PAAR ERSTBEGEHUNG-EN GEMACHT...
SOSO...
ACH, SIEH MAL AN, DA HINTEN LÄUFT MAL WIEDER EIN VERSUCH IN DER »SELBSTVERGÖTTERUNG«!

DIE IST ÜBRIGENS AUCH VON MIR. ...'NE LEICHTE 8+ ...
NICHT BESONDERS SCHWER.
LINKEN FUß EINDREHEN UND HOCH ANS FINGERLOCH!!
DER DEPP VERSUCHT SICH DA SCHON DEN GANZEN TAG ...
NAJA, SCHEINT DOCH 'NE GANZE NUMMER ZU GROß ZU SEIN, FÜR DEN!
... IST ÜBRIGENS 'N GANZ PASSABLER »WARM UP«, DIE TOUR. MAL SO ALS KONKRETER TIP ...
IST JA SAUMÄßIG INTERESSANT!..
NE, WIR WOLLTEN GRADE DIE VERSCHNEI-DUNG DA KLETTERN.
WIIIE??
GACKERGACKERGACKER
?!
?!!

HMMHIHIHIHI...
DIE 6+ - VERSCHNEI-DUNG ???
NAJA...
JS' JA NETT...
ALSO JUNGS, WENN JHR WOLLT, HÄNG' ICH EUCH GERNE 'N TOPROPE JN 'NE RICHTIGE ROUTE...
NEE, WOLL'N WIR NICHT...
ALSO, TSCHÜß DANN.
MOMENT MAL, JUNGS,
JCH HAB' DA HINTEN MEIN PROJEKT...
JCH STEH' GANZ KNAPP VORM DURCHSTIEG! ... WIRD GANZ SICHER ZWEISTELLIG !!
DA HAT SICH DER STEFAN ÜBRIGENS AUCH SCHON DRAN VERSUCHT (!!)...
KANN MICH EINER VON EUCH SICHERN? JS' BESTIMMT GANZ JNTERESSANT ... VIELLEICHT KÖNNT JHR JA DABEI WAS LERNEN...
AUJA, VON DIR MÜSSEN WIR UNBEDINGT WAS LERNEN !!
HAT WOHL SONST HIER KEINER MEHR BOCK, MIT DIR ZU KLETTERN ...
.....

JETZT WERDET MAL NICHT FRECH, HIER!!
WAS WOLLT IHR HIER ÜBERHAUPT, IHR HOBBY-KLETTERER!
OCH... WIR MACHEN ZUR ZEIT EINE PRÄSERVATIVE UMFRAGE ZUM THEMA »ARSCHLÖCHER AM FELS«.
DAS IS' DIE ABSOLUTE HÖHE, - KOMMEN DA IN MEIN KLETTERGE-BIET UND...
HALT DOCH ENDLICH DEIN MAUL!
AUF, KOLLEGE, WIR VERZIEHEN UNS...
DAS HAT MAN DAVON, WENN MAN SICH UM SO NIETEN KÜMMERT!! ... SOLCHE DEPPEN, DIE MACHEN DOCH DEN KLETTERSPORT KA-PUTT!

ANGESCHISSEN ...
DAS ERSTE BILD KENNT JHR JA SCHON ...
OJE OJE OJE ..
'N VOGELNEST
WAS MACH' JCH JETZT ...
AB-KLETTERN ?...
JESSES, IST DAS WEIT BIS ZUM LETZTEN HAKEN!
FURZ
FLATSCH
JHR DRECKSVIECHER!!
NA WARTET!! JCH RUPF' EUCH WAS!
?!
FCHCHH..
HALT!
NICHT!!!
AU!!
FLAPP
FLAPP
FLAPP
PATSCH

OJEOJEOJE...
SOSO... KLETTERN AM BRUTFELSEN!
ENDLICH ERWISCH' JCH EINEN VON EUCH .... JNFLAGRANTI!!
JCH SEH' MIR DAS SCHON VIEL ZU LANGE AN!
WAS?
JHR RECHTSLOSEN GESELLEN VERSTEHT BLOß EINE SPRACHE ...
VOGELMÖRDER
EIERDIEB
ÖKOSCHWEIN!
PITSCH
PATSCH
UND DAß DU DICH NIE MEHR BLICKEN LÄßT, JN MEINEM BIO-TOP!!
OJEOJEOJEOJE ...
FLATSCH!
©Ebese '96

KLETTERN
VER-
BOTEN!
©lse '96

ECHT ANSPRUCHSVOLL ..
...DAS WAR'S!!, KANNST MICH AB-LASSEN!
PHUUUH, KINNERS... MAN UNTERSCHÄTZT SIE DOCH IMMER WIEDER, DIE PSYCHISCHE KOMPONENTE IM VORSTIEG...
DA HEIßT'S EINFACH KNALLHART NERVEN BEHAL-TEN...
...SOUVERÄNITÄT BEWEISEN, AUCH NOCH AN DER STURZGRENZE!
WEHE, DU HAST DANN DEINE PSYCHE NICHT 100%IG UNTER KON-TROLLE...
...WEHE, DU BLOCKIERST DICH DANN SELBST...
DANN WIRD'S RUCK-ZUCK OBJEKTIV GE-FÄHRLICH!!
FRIEMEL
Erbse '95

VERTICAL-CONNECTIONS...
DU BLÄTTERST JETZT JA SCHON EINE GANZE WEILE JN MEINEN COMICS RUM... JCH HOFFE, SIE MACHEN DIR LAUNE, SCHLIEßLICH BIN JCH GANZ SCHÖN LANGE AN DEN DINGERN GESESSEN!!
VIELLEICHT JNTERESSIERT ES DICH, WIE DAS SO GEKOMMEN IST, DAß DU JETZT DIESES BUCH VOR DIR HAST... JCH MEIN', JCH WUNDER' MICH DA SELBST SO'N BIßCHEN... ALSO, ZEICHNEN TU' JCH SCHON LANG. KLETTERN AUCH. UND DANN HAT SICH DAS VERMISCHT. ABER ANS VERÖFFENTLICHEN HAB' JCH DA NOCH NICHT GEDACHT.
JRGENDWANN HAB JCH DANN SCHON MAL DAVON GETRÄUMT... ERFOLGREICHER KLETTERCARTOONIST UND NIE MEHR SORGEN WEGEN DER KOHLE FÜR DEN NÄCHSTEN KLETTERTRIP! ...
DAS WAR ALLES TRAUMHAFT UND NICHT ERNSTHAFT. ...UND JRGENDWIE BIN JCH AUCH NICHT SO'N GESCHÄFTSHEINZ...
ABER DA HALF DER ZUFALL... AN EINEM GOLDENEN OKTOBERTAG AM LÖCHLESFELS IM DONAUTAL...
ERBSE, SCHAU MAL, DER TYP DA HINTEN, DAS IST DER VOLKER LEUCHSNER VOM „klettern"... DEN KANNST DU DOCH MAL FRAGEN, VON WEGEN DEINEN COMICS UND SO...
...!
...DAS JST SIE, DIE UNVERHOFFTE CHANCE DES LEBENS...
JETZT ODER NIE!!
??
TSCHULDIGUNG, JCH, ÄH... DU, NAJA BRAUCHST DU VIELLEICHT EIN PAAR COMICS?
JCHMEINJCHHÄTTEDABLABLABLUBBERLABERSAUGUT&TIERISCHWITZIGSABBERLABERGRADEZUEINZIGARTIGUNDÜBERHAUPTPLAPPERUMSATZSTEIGERNDBLUBBERHEIDENGEWINNUNDSO...
TJA, SO WAR DAS MIT DEM ERSTEN SCHRITT AN DIE ÖFFENTLICHKEIT... EINFACH GEIL, SCHON BEINAHE COMICREIF, WIE SO DIE ERSTEN CONNECTIONS SO ZWISCHEN HIMMEL & ERDE JN DER VERTIKALEN GEKNÜPFT WURDEN..!
UND DIE JUNGS HABEN DANN AUCH TATSÄCHLICH WAS JN JHREM MAGAZIN GEBRACHT!!
Erbse '95

DER ERSTE SCHRITT WAR ALSO GETAN... ABER DAS WAR'S DANN AUCH SCHON, VORERST... UND IRGENDWIE GAR-NIX MIT EXTRAKASSE FÜR DEN NÄCHSTEN KLETTERTRIP...
DOCH UNVERHOFFT KLINGELTE EINES TRÜBEN WINTERTAGES DAS TEFLON...
JO, HIER PASOLD, - HÄD'SCH NED LUSCHD, A COMMIGBIACHLE JM PANICOVERLAG ZOMACHA?
JCH KONNTE ES KAUM FASSEN: DER MEISTER DER SCHWÄBISCHEN KLETTERLITERATURSCHMIEDE SELBST HATTE SEIN JNTERESSE AN MEINEN BILDCHEN ANGEMELDET!
VON NUN AN WÜRDE MEIN LEBEN EIN EINZIG-ER, SORGLOSER TRAUM SEIN!!
JCH MACH NOCH 'N PAAR COMIX...
UND DANN WERD' JCH BERÜHMT UND GEH' BLOß NOCH KLETTERN!!
KLETTERCOMIX
VOR MIR LAG DIE ZUKUNFT, ROSIG WIE EIN JUNGER MORGEN...
ABER - WIE GESAGT - ZUERST NOCH EIN PAAR COMICS MACHEN!...
UND WAS DAS LETZTEN-ENDES BEDEUTET HAT,
..DAVON MACHT JHR EUCH GARKEINEN BEGRIFF!!
SO!... ES IST VOLLBRACHT, UND DU HÄLTST DAS ERGEBNIS IN DER HAND...
UND JCH BIN URLAUBSREIF. DIE KLETTER-FORM IS' AUCH DAHIN... JCH BRAUCH MIN-DESTENS EIN WINTERHALBJAHR IN THAILAND!
... UND DAMIT SIND WIR WIEDER BEI MEINER REISEKASSE:
WENN DU DAS BUCH GE-KAUFT HAST, BRAAV..!!!
ABER WENN'S NUR GELIEHEN IST, DANN SCHÄM' DICH UND KAUF' GEFÄLLIGST SOFORT DEIN EIGENES!!
'96

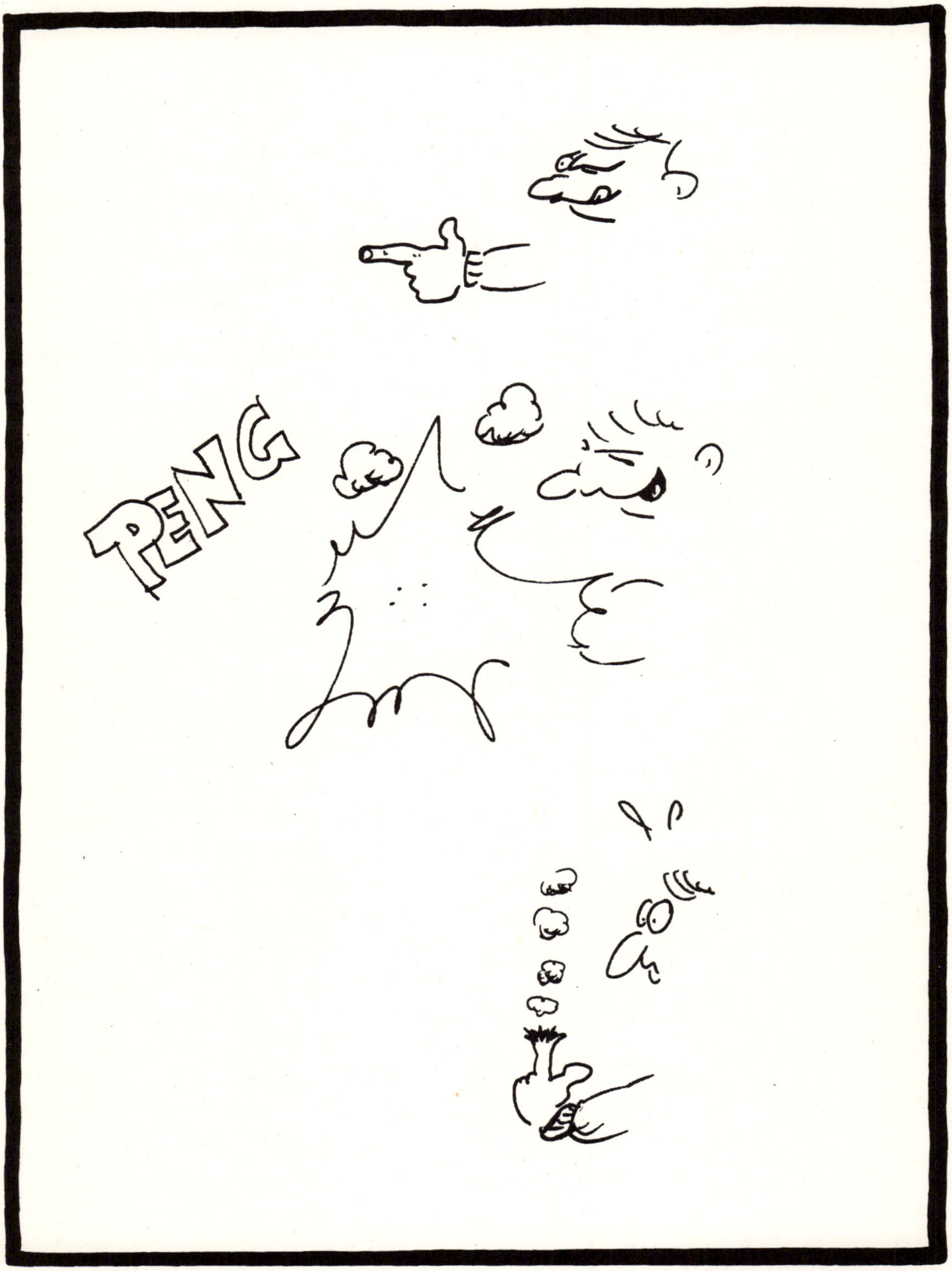
PENG

ANHANG...
PSSST!! ICH TRAU'S MICH JA KAUM ZU SAGEN,
ABER ES GAB MAL BEI MIR EIN LEBEN VOR'M KLETTERN ...
OBWOHL, ICH BIN NICHT GANZ SICHER, OB MAN DAS "LEBEN" NENNEN KONNTE...
FÜNFZEHN JAHRE DRÜCKTE ICH DIVERSE SCHULBÄNKE,
DAS IS' WIE LEBENSLÄNGLICH...
ERST HEUTE IST MIR KLAR, DASS DAS EIGENTLICH MEINE AUSBILDUNG ZUM ZEICHNER WAR...
ERBSENCOMICS
LATEIN
ALGEBRA I
INFINITESIMAL RECHNUNG
TH. FONTANE
FRAU JENNY TREIBEL
SABINE
»FRÜHWERK AUS SCHULZEITEN«
JETZT HAB' ICH MAL ALTE SCHULHEFTE AUSGEGRABEN UND FÜR EUCH WAS ZUSAMMENGESTELLT.
MEINE ANFÄNGE ALS COMICZEICHNER,
LANGE BEVOR ICH WUSSTE, DAS MAN "LEBEN" EIGENTLICH WIE "KLETTERN" BUCHSTABIERT
QUASI ALS HERZLICHES DANKESCHÖN NACH 4 AUFLAGEN "SAUBER ONSIGHT".
VIEL SPAß!

DU, ES IST ZEIT...
OK, MACHEN WIR UNS AUF DIE SOCKEN.
PSSSSSSSSSSSSSS

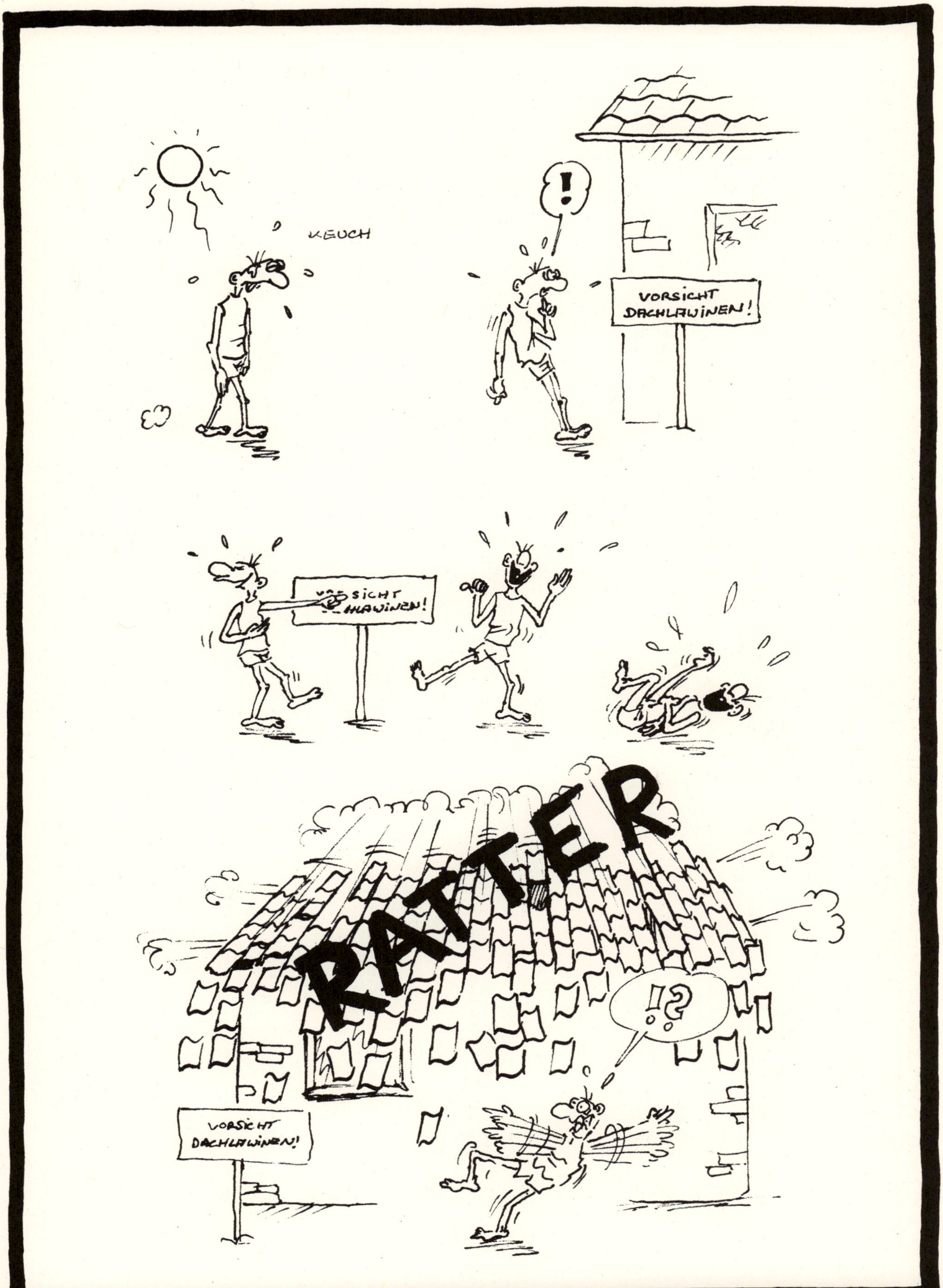
KEUCH
!
VORSICHT DACHLAWINEN!
RATTER
!?
VORSICHT DACHLAWINEN!

PEEPSHOW
SHOW
HIER!
DA, HIER!
GLOTZ!
LECHTZ!
DA!
HECHEL!
ZWAP!
I. FC EMANZ
NUR EIN TOTER MANN IST EIN GUTER MANN!
SCHNIPP SCHNAPP SCHNIEDEL AB!

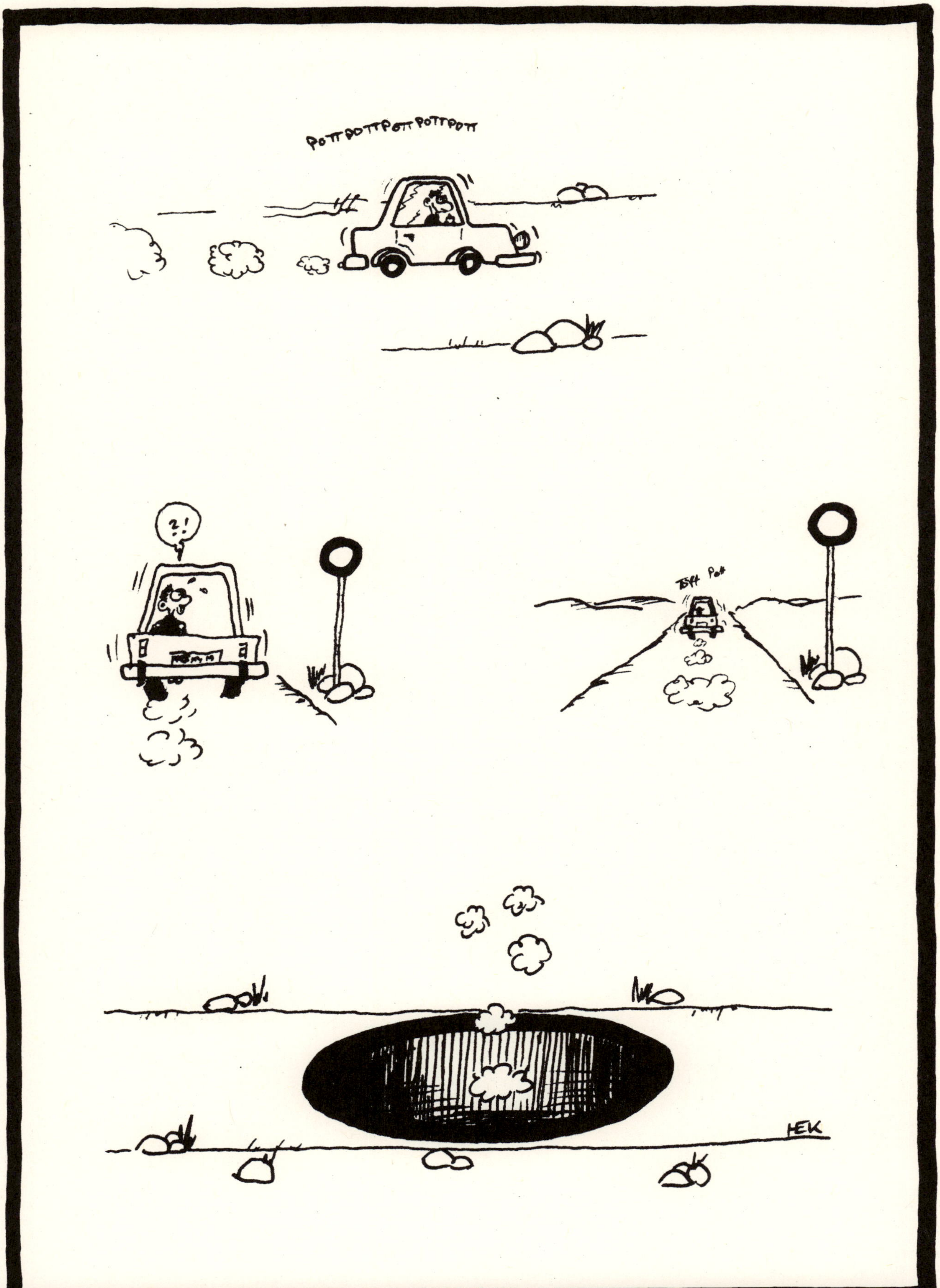
POTTPOTTPOTTPOTTPOTT
?!
HEK

WEIßT DU, WER ICH BIN? ICH BIN DER BERÜHMTE KNOCHENBRECHER!
PAß AUF ....
ÖRKS

BONG
BOING

ZOIING
OP
?
PENG
?

„ERBSES ABENTEUER"
HEUTE: „Mampf & Schwiig"
SCHLAPPSCHLAPPSCHLAPPSCHLAPPSCHLAPPSCHLAPPSCHLAPPSCHLAPPSCHLAPP
BÖRP
SCHLAPPSCHLAPP SCHLAPP

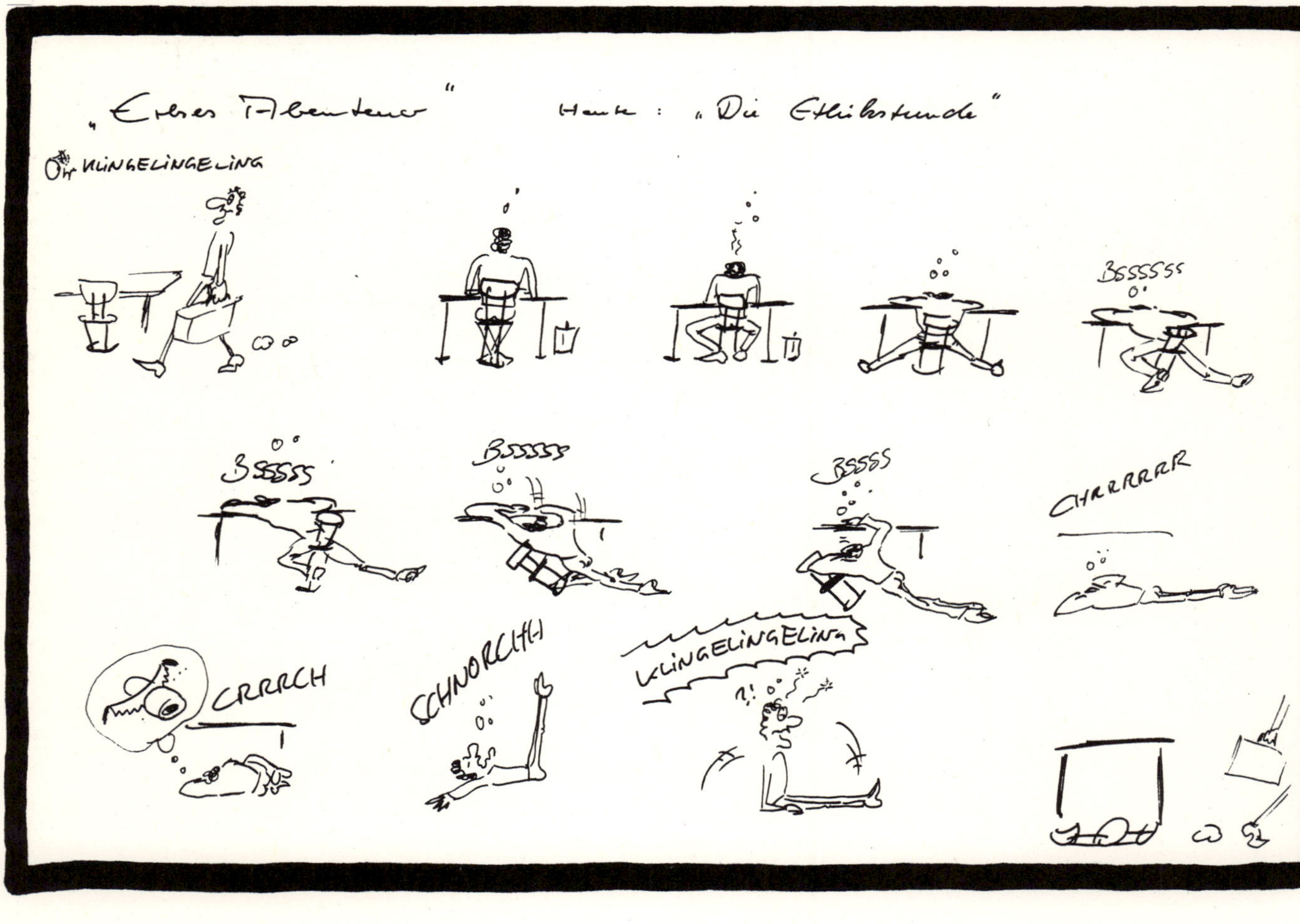
„Erbses Abenteuer"
Heute: „Die Ethikstunde"
KLINGELINGELING
BSSSSSS
BSSSSS
BSSSSS
BSSSS
CHRRRRRR
CRRRCH
SCHNORCHH
KLINGELINGELING

ERBSES ABENTEUER
Heute: „Mückenmuckis"
TRAINIERTRAINIER POWER POWER EINS ZWO ...
... DREIVIER .. ÄCHZ!
STÖHN, KRÄMPF DRÜCK QUÄL QUIETSCH ..
HE, OHNE SCHEISS! DAS WAREN MEINE ERSTEN TRAI-NINGSSCHRITTE!
NGGNHNNGGG ..
STÜLP
KLAPPKLAPPKLAP